Meine REISEN in 100 Listen

in

Ein originelles Ausfüllbuch

riva

Dieses Buch wird *ausgefüllt* von:

_____

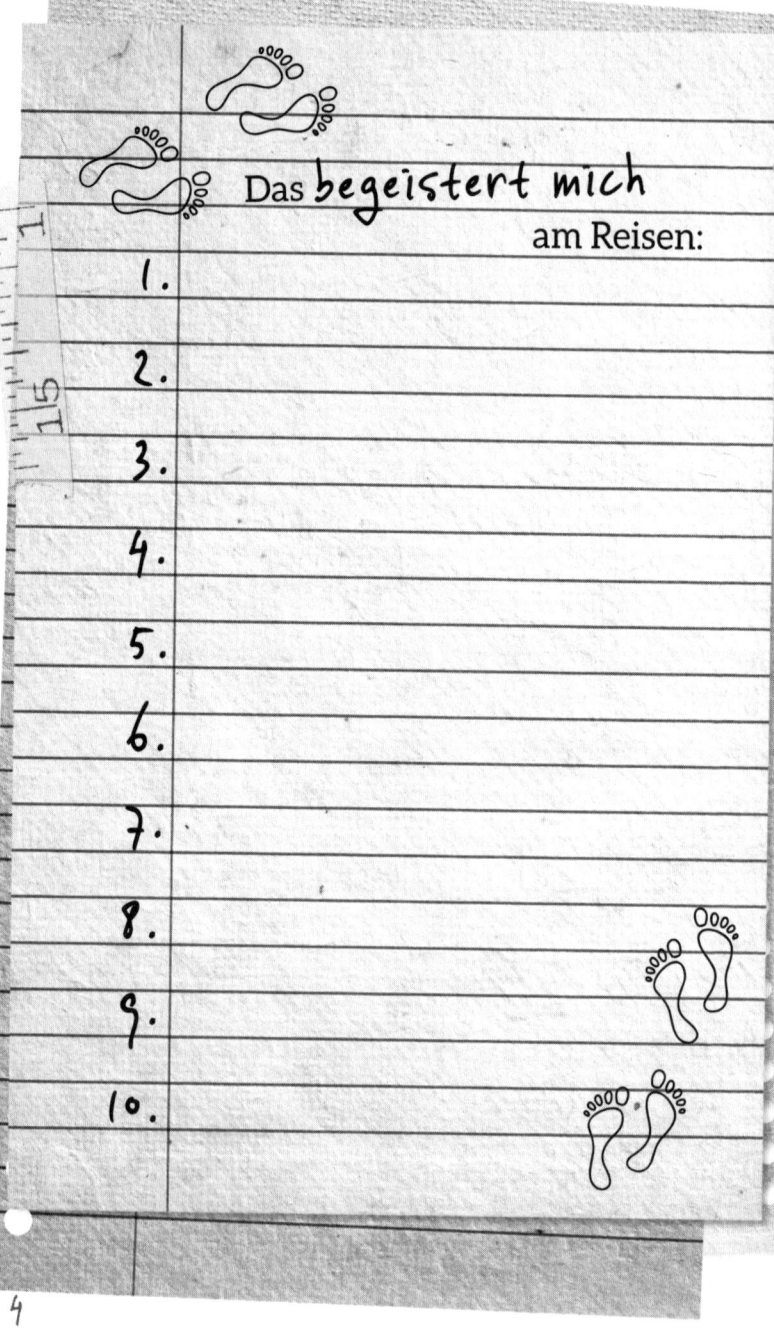

Das begeistert mich
am Reisen:

1.

2.

3.

4.

5.

6.

7.

8.

9.

10.

4

Wasser, Stadt, Natur, Wüste ... -
diese Reiseziele
sind mir am liebsten:

1._____

2._____

3._____

4._____

5._____

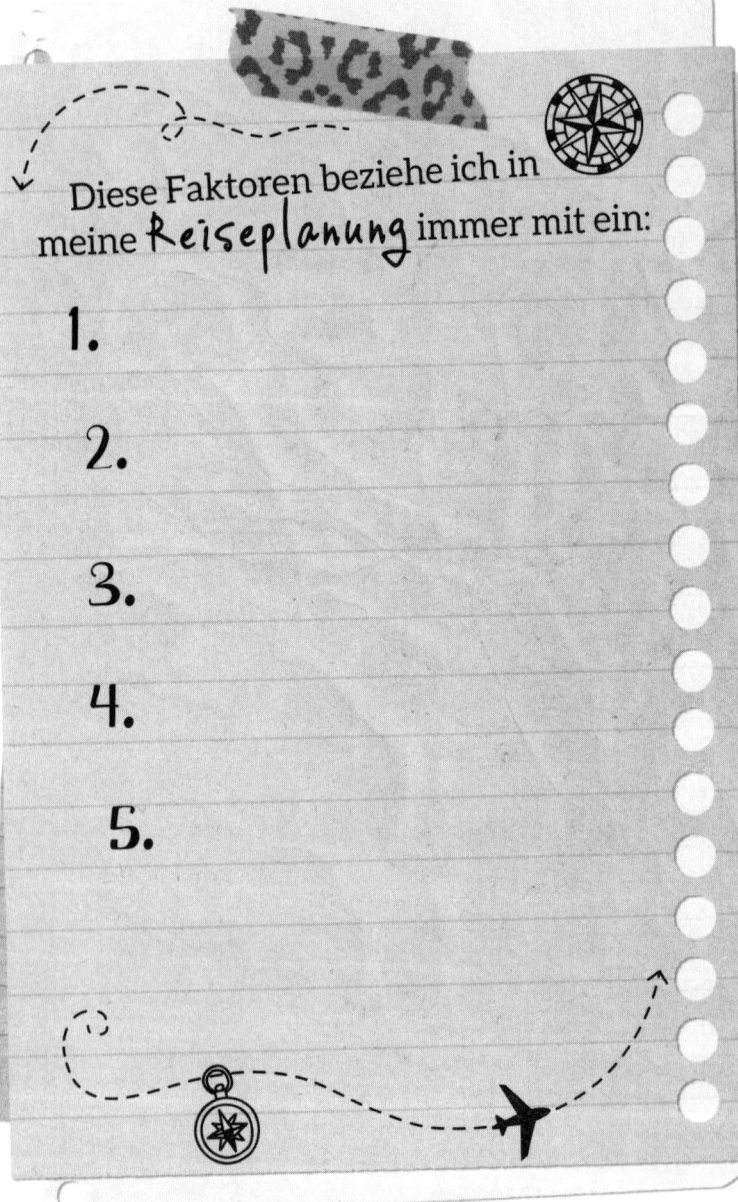

Diese Faktoren beziehe ich in
meine *Reiseplanung* immer mit ein:

1.

2.

3.

4.

5.

Damit verbringe ich *meine Zeit auf Reisen* am liebsten:

1.

2.

3.

4.

5.

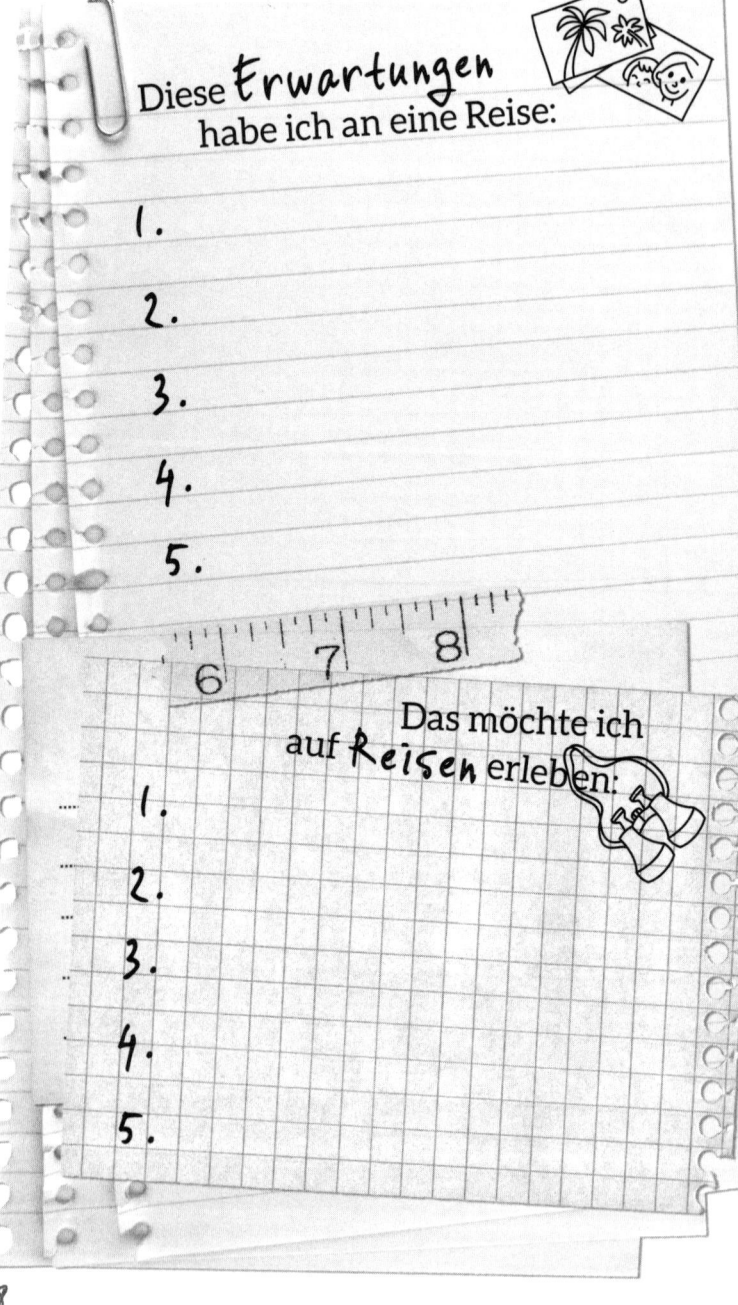

Diese *Erwartungen* habe ich an eine Reise:

1.

2.

3.

4.

5.

Das möchte ich auf *Reisen* erleben:

1.

2.

3.

4.

5.

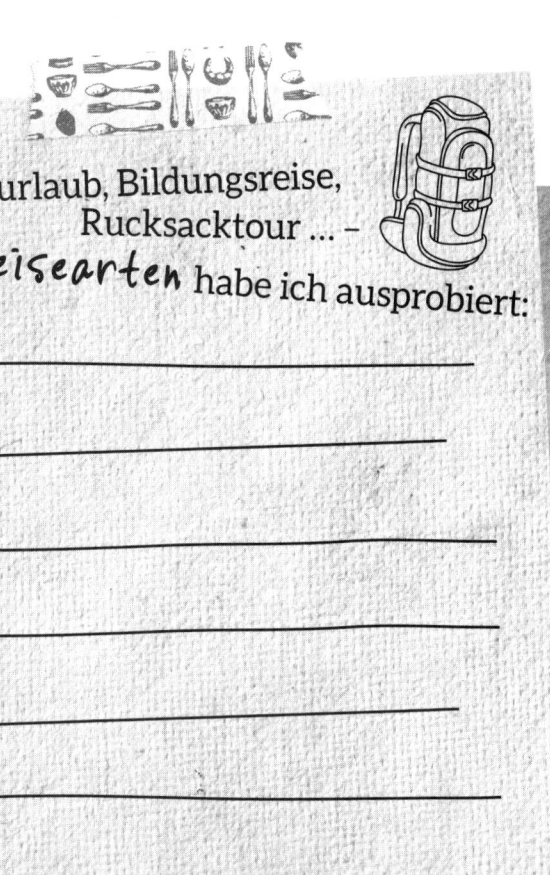

Aktivurlaub, Bildungsreise, Rucksacktour ... –
diese *Reisearten* habe ich ausprobiert:

1. _____
2. _____
3. _____
4. _____
5. _____
6. _____
7. _____
8. _____
9. _____
10. _____

Diese *Reisearten* haben
mir besonders gut gefallen:

....1..
....2..
....3..
....4..
....5..

Und diese Reisearten
möchte ich noch *ausprobieren*:

1.

2.

3.

4.

5.

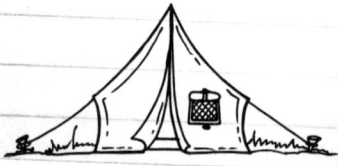

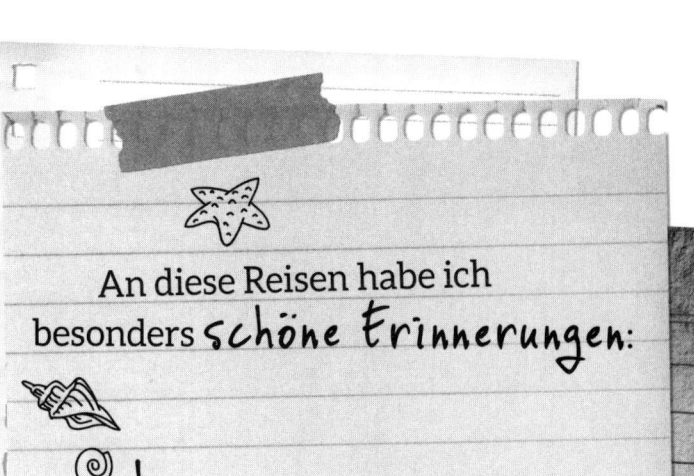

An diese Reisen habe ich
besonders *schöne Erinnerungen*:

1.

2.

3.

4.

5.

Die schönsten Länder, in denen ich war:

1.

2.

3.

4.

5.

6.

7.

8.

9.

10.

Die schönsten Städte,
die ich erkundet habe:

1.

2.

3.

4.

5.

6.

7.

8.

9.

10.

Die größten Abenteuer, die ich
auf Reisen erlebt habe und die ich
wahrscheinlich nie vergessen werde:

1. _____

_____

2. _____

_____

3. _____

_____

4. _____

_____

5. _____

_____

Das waren
meine besten
Wochenendtrips:

1.

2.

3.

4.

5.

Das waren meine besten
längeren Reisen:

1.

2.

3.

4.

5.

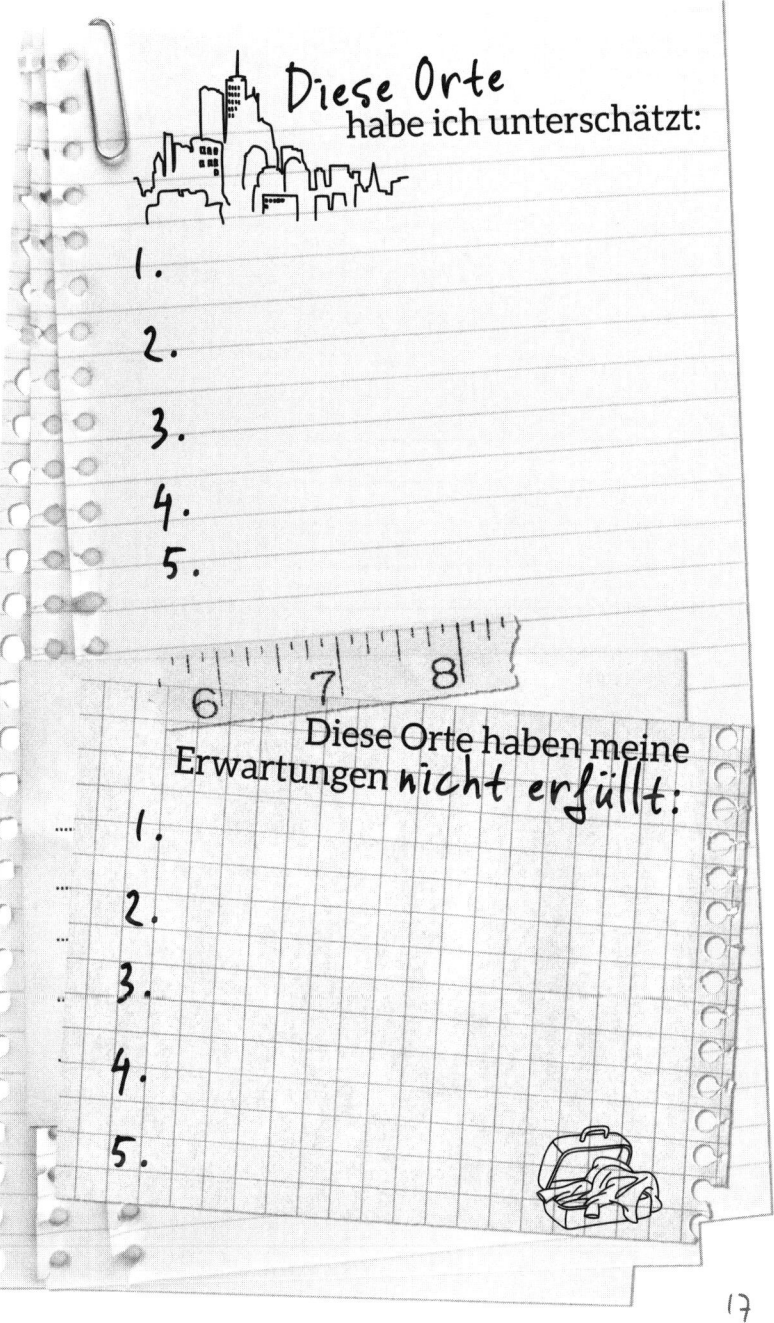

Diese Orte
habe ich unterschätzt:

1.
2.
3.
4.
5.

Diese Orte haben meine Erwartungen *nicht erfüllt*:

1.
2.
3.
4.
5.

Kulturelle Unterschiede,
die mir *positiv* in Erinnerung
geblieben sind:

1.

2.

3.

4.

5.

18

Kulturelle Unterschiede,
die mir **negativ** in Erinnerung
geblieben sind:

1.

2.

3.

4.

 5.

19

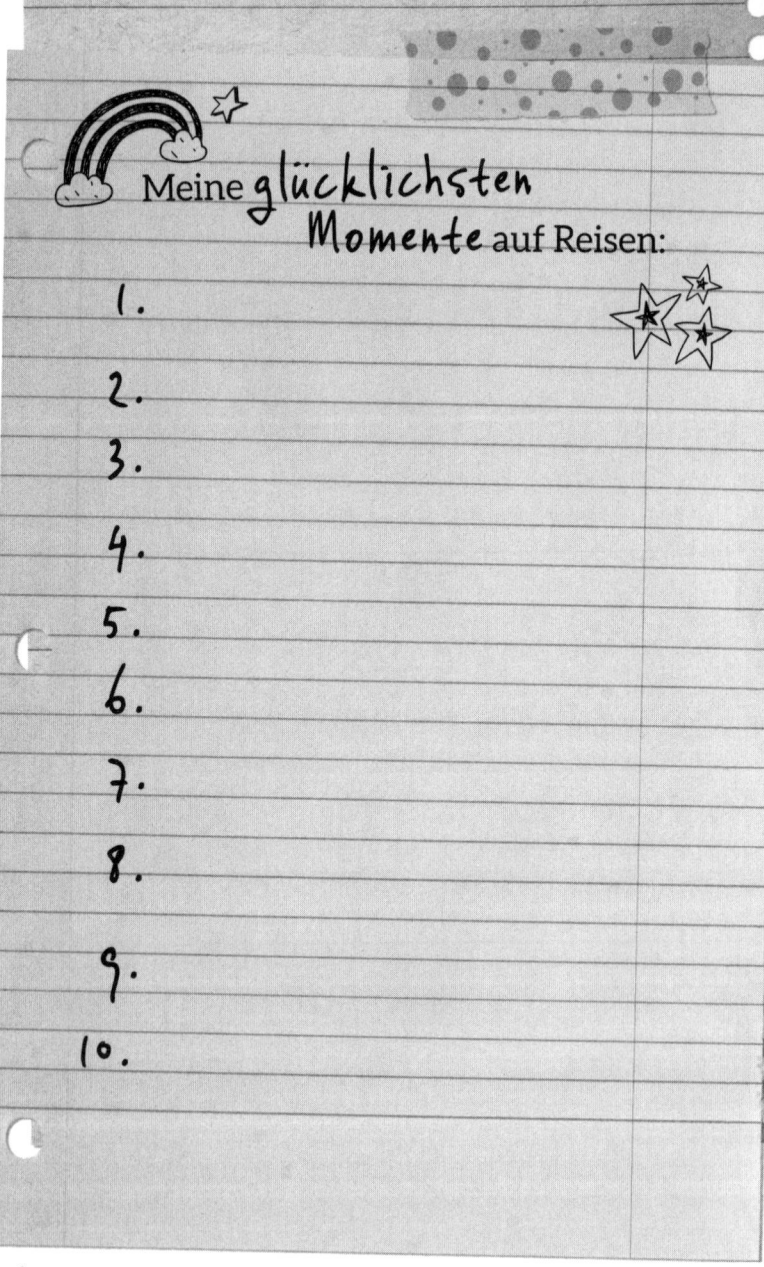

Meine glücklichsten Momente auf Reisen:

1.

2.

3.

4.

5.

6.

7.

8.

9.

10.

Meine interessantesten Begegnungen auf Reisen:

1.

2.

3.

4.

5.

Diese Reiseerlebnisse haben mich langfristig geprägt:

1.

2.

3.

4.

5.

An diesen Orten hat mich
das *Lebensgefühl*
begeistert:

1.

2.

3.

4.

5.

23

Hier leben meiner Meinung nach die *attraktivsten* Menschen:

1.

2.

3.

4.

5.

24

Und hier die zufriedensten:

1.

2.

3.

4.

5.

Schöne **Traditionen,** die ich auf Reisen kennengelernt habe:

1.

2.

3.

4.

5.

Die beeindruckendsten
Sehenswürdigkeiten,
die ich gesehen habe:

1.

2.

3.

4.

5.

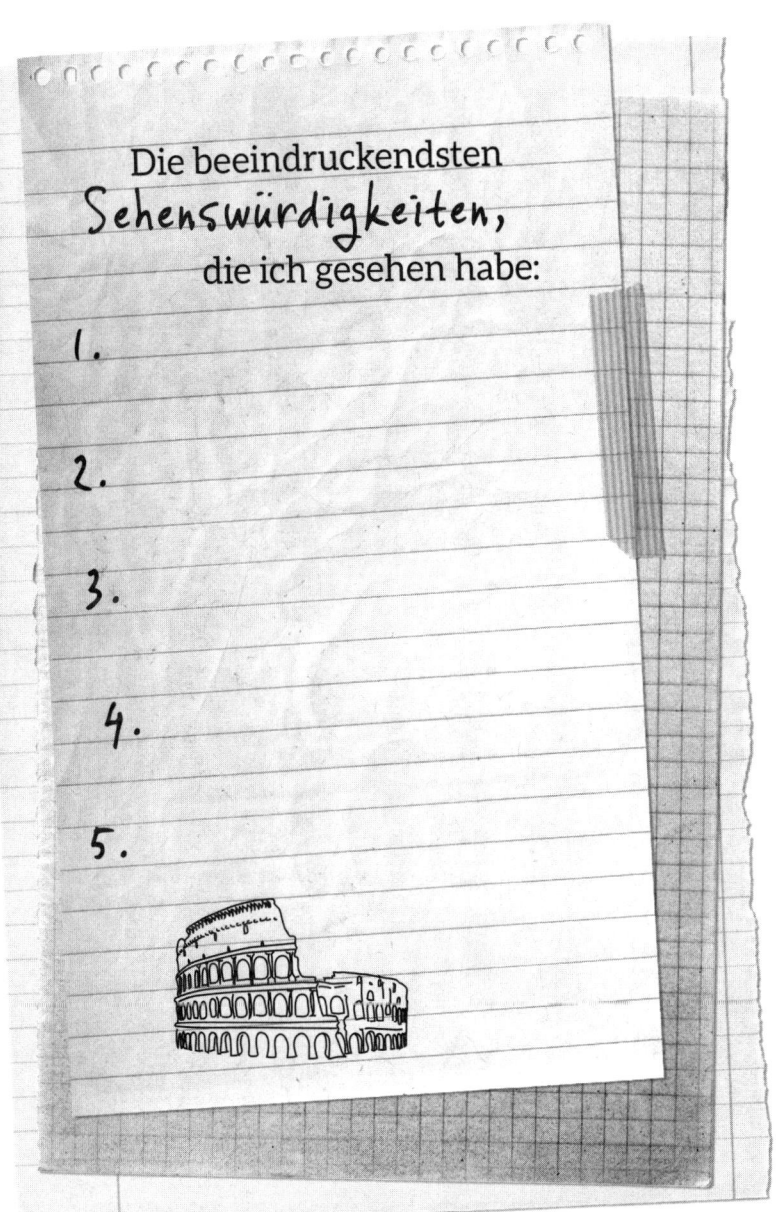

Die unvergesslichsten Unterwassermomente:

1. _____

2. _____

3. _____

4. _____

5. _____

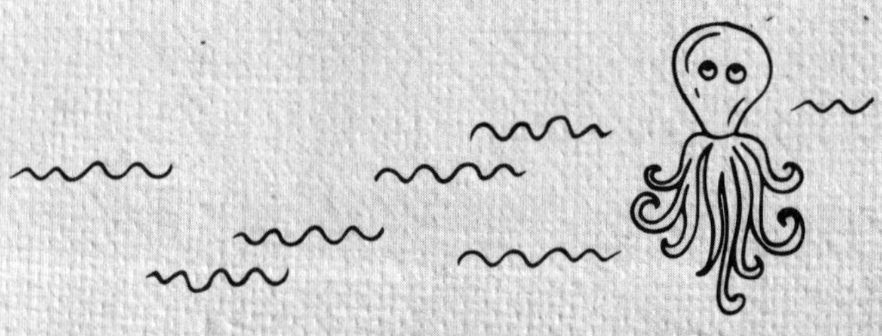

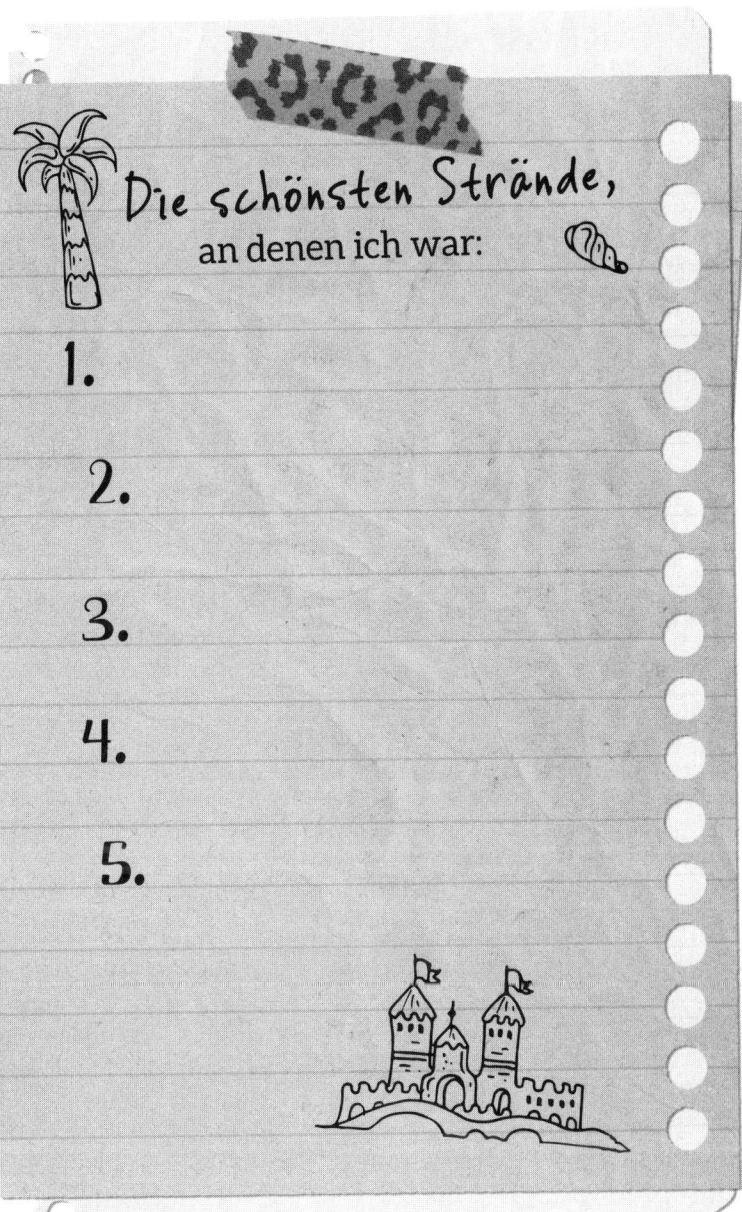

Die schönsten Strände, an denen ich war:

1.

2.

3.

4.

5.

Die besten Veranstaltungen,

die ich während meiner Reisen
besucht habe:

1.

2.

3.

4.

5.

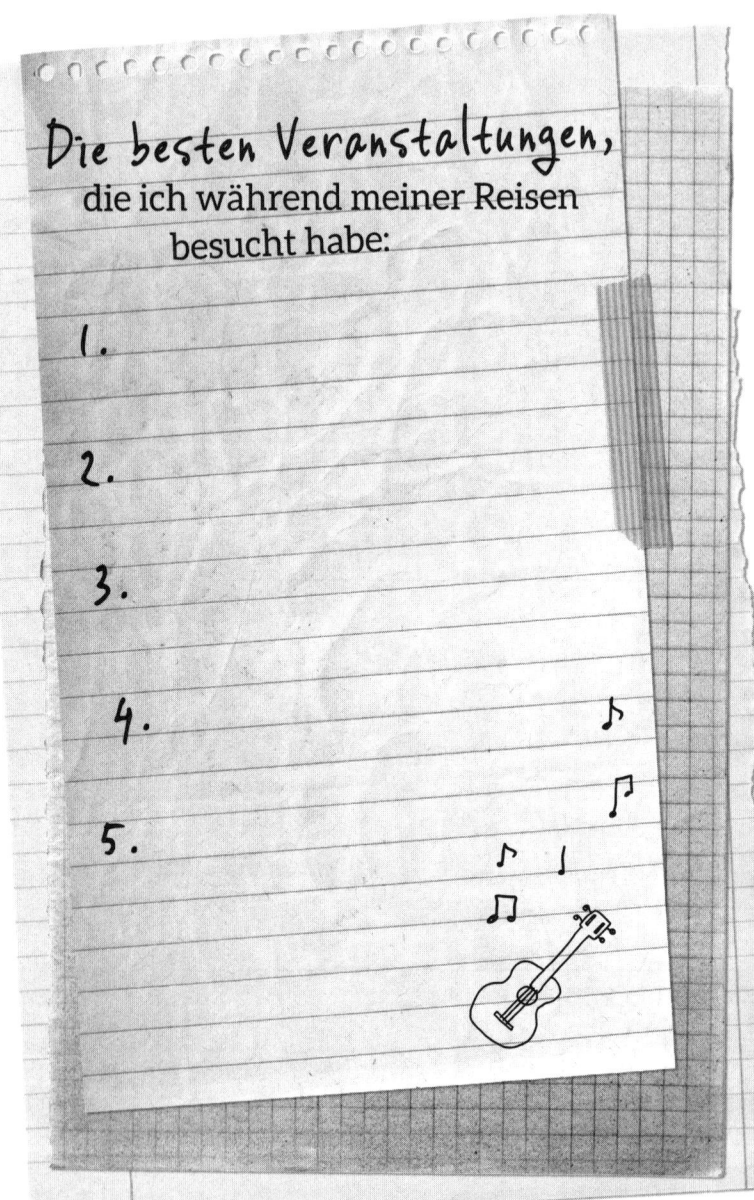

Die interessantesten
Museen, die ich
besucht habe:

1.

2.

3.

4.

5.

Über diese *Naturwunder*
habe ich gestaunt:

1.

2.

3.

4.

5.

Der Himmel über diesen Orten bleibt **unvergessen**:

1.

2.

3.

4.

5.

Meine faszinierendsten
Begegnungen mit
wilden Tieren:

1.

2.

3.

4.

5.

Diesen sportlichen Aktivitäten
gehe ich auf Reisen am liebsten nach:

1. ....
2. ....
3. ....
4. ....
5. ....

Diese Sportarten
habe ich auf Reisen neu ausprobiert:

1.

2.

3.

4.

5.

Diese *Bücher* habe ich
auf Reisen gelesen:

1. _____

2. _____

3. _____

4. _____

5. _____

6. _____

7. _____

8. _____

9. _____

10. _____

Diese Songs
begleiten meine Reisen:

1.

2.

3.

4.

5.

6.

7.

8.

9.

10.

Mit diesen Songs verbinde ich spezielle Reisemomente:

1.

2.

3.

4.

5.

Die besten Shoppingtrips
hatte ich hier:

1.

2.

3.

4.

5.

Meine besten
unerwarteten Abende:

1.

2.

3.

4.

5.

Hier habe ich richtig Party gemacht:

1.

2.

3.

4.

5.

Hier habe ich die schönsten
Sonnenuntergänge
gesehen:

1._____

2._____

3._____

4._____

5._____

42

Und hier die schönsten
Sonnenaufgänge:

1.

2.

3.

4.

5.

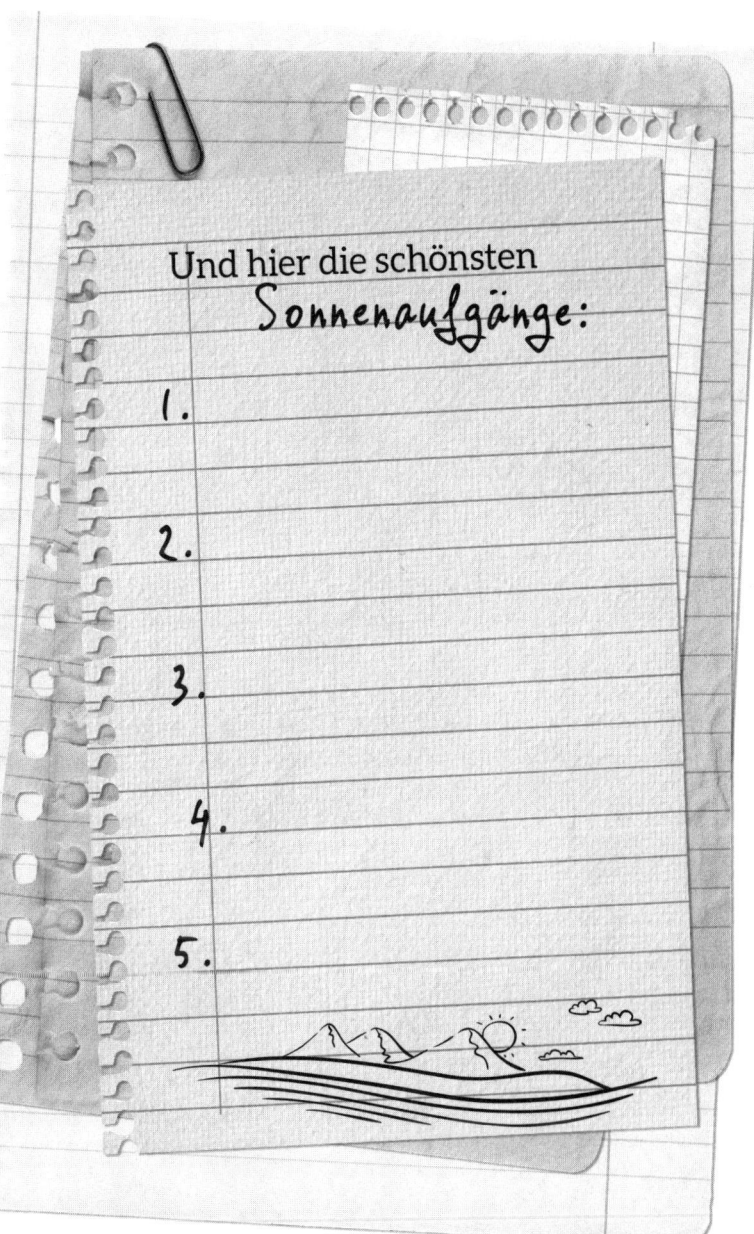

Die verrücktesten Dinge,
die ich auf Reisen je getan habe:

1.

2.

3.

4.

5.

Diese Gerüche

verbinde ich mit Reisen:

1.

2.

3.

4.

5.

Diese **leckeren Gerichte** habe ich auf Reisen kennengelernt:

1. _____

2. _____

3. _____

4. _____

5. _____

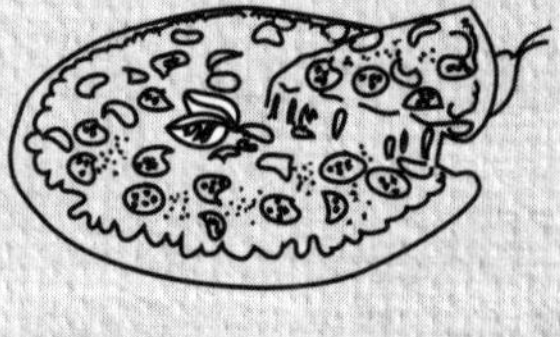

Mit diesen *Gerichten*
konnte ich mich nicht anfreunden:

1.

2.

3.

4.

5.

Diese Gerichte
schmecken mir nur auf Reisen:

1. ....

2. ....

3. ....

4. ....

5. ....

Und diese **heimischen Gerichte**
vermisse ich, wenn ich auf Reisen bin:

1.

2.

3.

4.

5.

Die **küche** dieser Länder
würde mich noch reizen:

1.

2.

3.

4.

5.

So vermeide ich Heimweh:

1.

2.

3.

4.

5.

6.

7.

8.

9.

10.

Meine verrücktesten
Erlebnisse in Hostels:

1.

2.

3.

4.

5.

Die schlimmsten Hotels, in denen ich je war:

1.

2.

3.

4.

5.

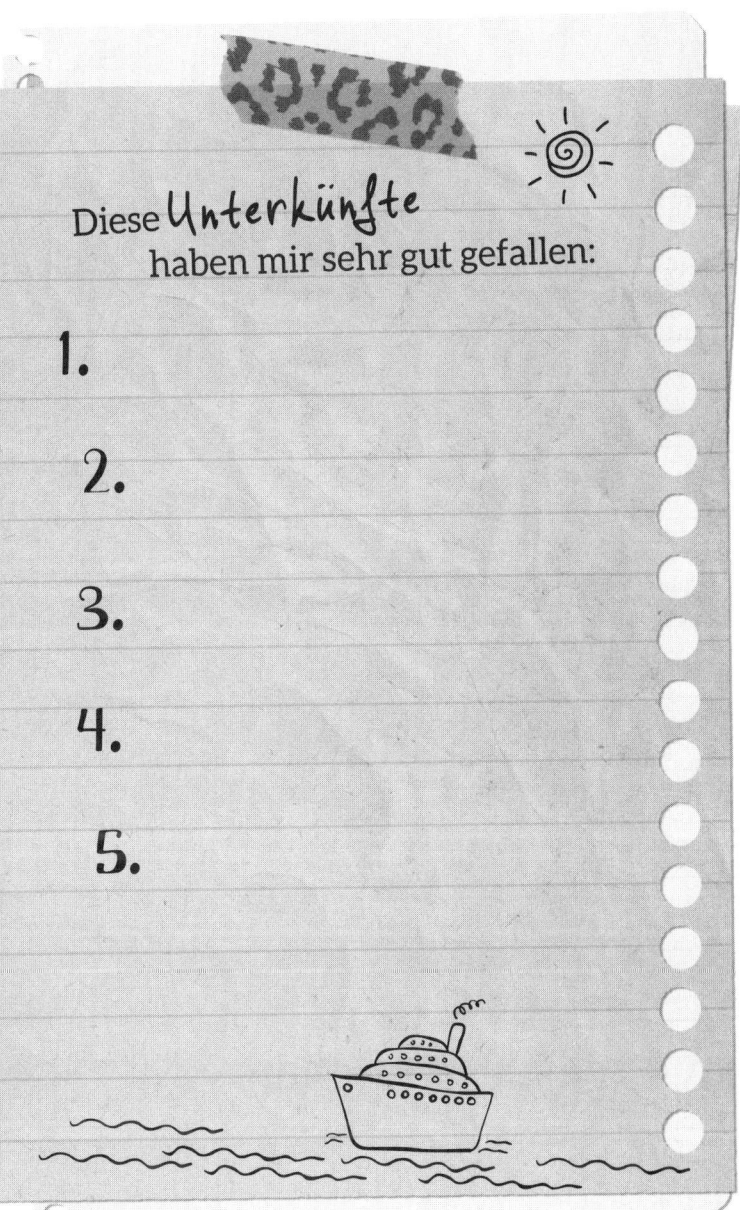

Diese **Unterkünfte**
haben mir sehr gut gefallen:

1.

2.

3.

4.

5.

Diese **Souvenirs** bringe ich
am liebsten mit nach Hause:

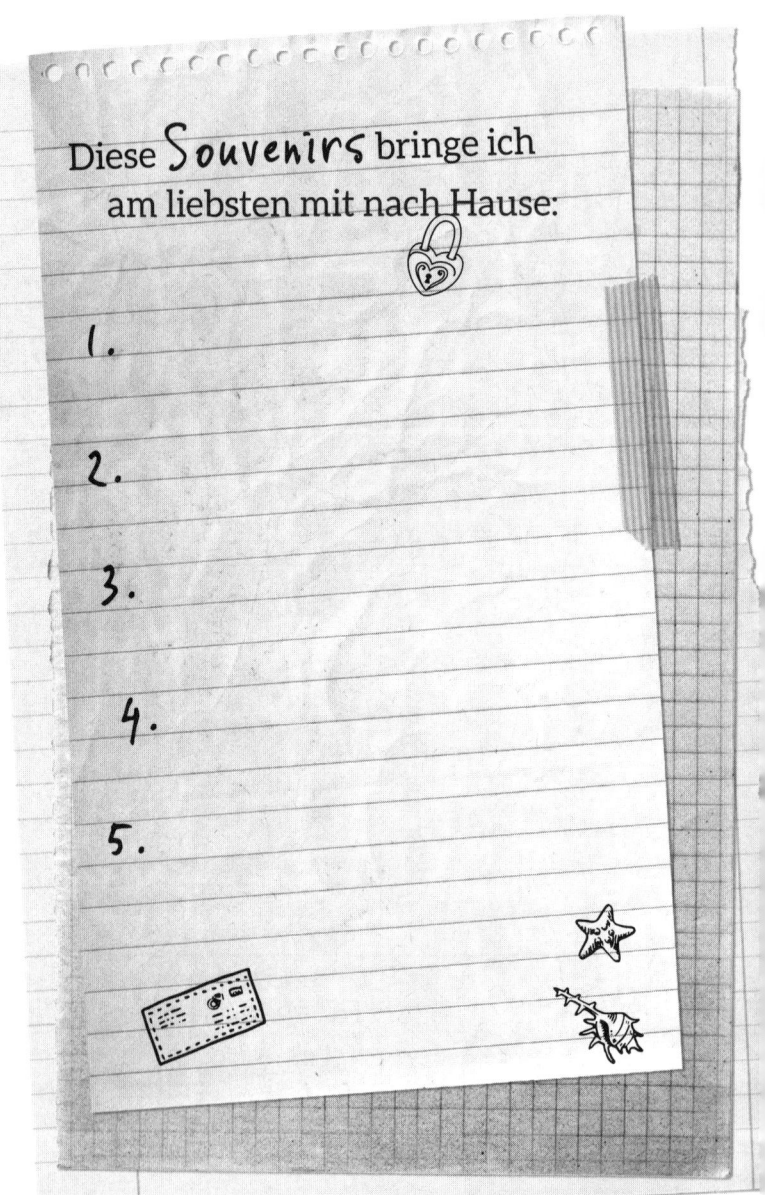

1.

2.

3.

4.

5.

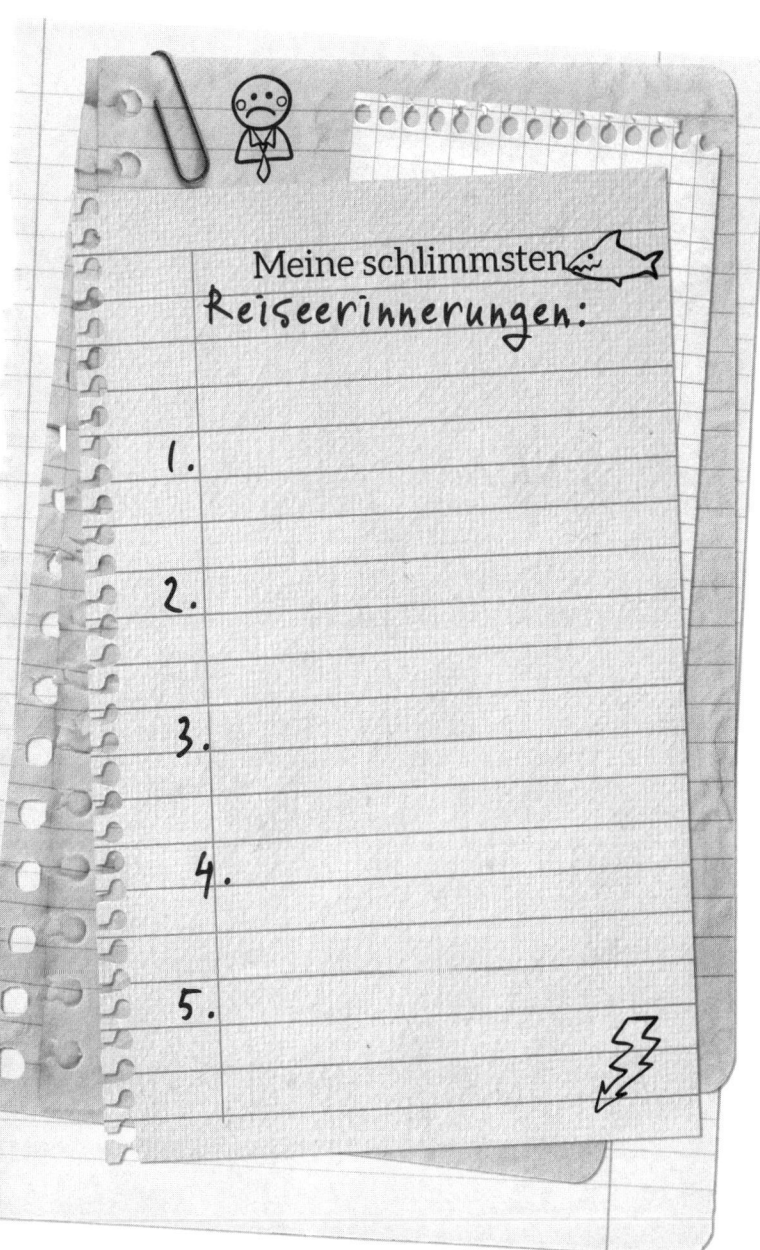

Meine schlimmsten
Reiseerinnerungen:

1.

2.

3.

4.

5.

Meine größten
Reisemissgeschicke:

1. _____
2. _____
3. _____
4. _____
5. _____
6. _____
7. _____
8. _____
9. _____
10. _____

Und richtige
Reisekatastrophen:

1.

2.

3.

4.

5.

In diesen Situationen war ich richtig stolz auf mich:

1. _____

2. _____

3. _____

4. _____

5. _____

In diese **Fettnäpfchen**
bin ich hingegen getreten:

1.

2.

3.

4.

5.

In diesen außergewöhnlichen **Verkehrsmitteln** bin ich herumgefahren:

1.

2.

3.

4.

5.

Das sind meine liebsten
Reisepartner:

1.

2.

3.

4.

5.

Mit diesen Menschen möchte
ich **nicht mehr** auf
Reisen gehen:

1.

2.

3.

4.

5.

Diese *Eigenschaften* ertrage ich
an Mitreisenden nur schwer:

1.

2.

3.

4.

5.

Das sind die **Vorteile**
des *Alleinreisens*:

like

1.

2.

3.

4.

5.

Das **macht mir** am Alleinreisen *Angst:*

1.

2.

3.

4.

5.

Diesen Personen schreibe ich
regelmäßig Postkarten:

1._____

2._____

3._____

4._____

5._____

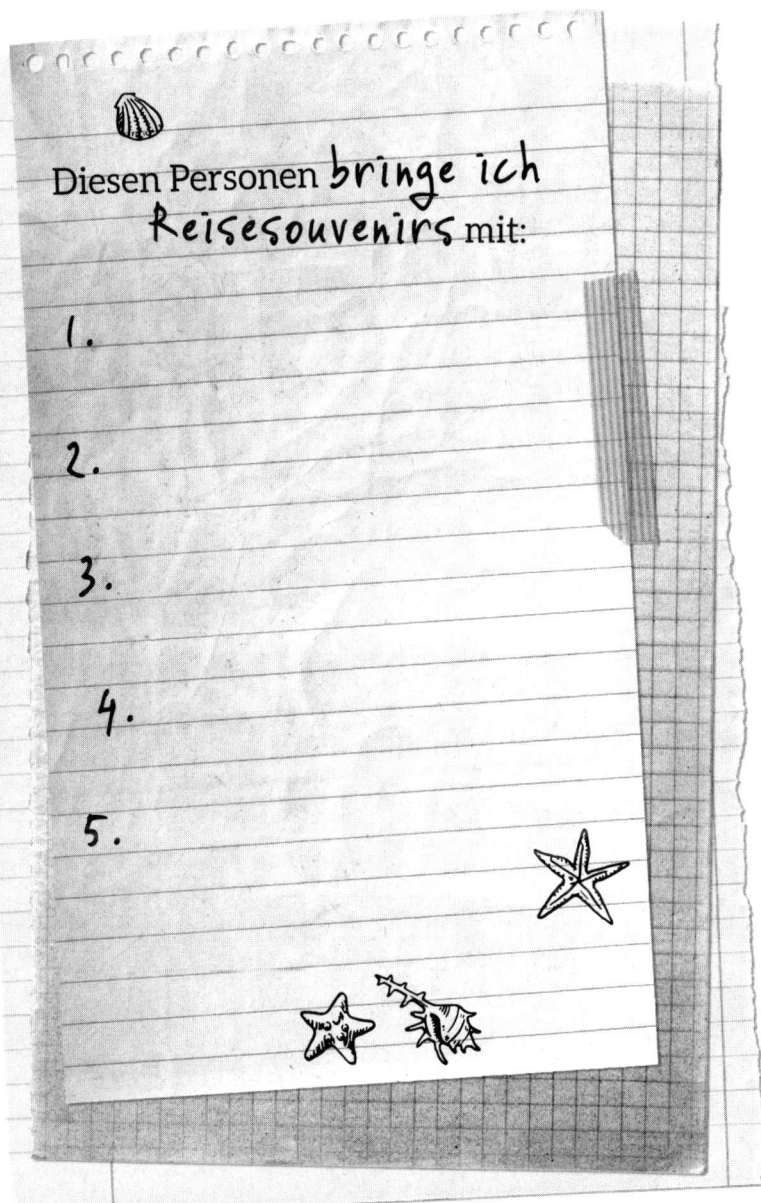

Diesen Personen **bringe ich Reisesouvenirs** mit:

1.

2.

3.

4.

5.

Dafür möchte ich mir auf Reisen *mehr Zeit* nehmen:

1.

2.

3.

4.

5.

Diese **Dinge** habe ich
beim Reisen zum
ersten Mal **erlebt:** OH!

1.

2.

3.

4.

5.

 # Aus diesen Gründen würde ich eine Reise *abbrechen*:

1.

2.

3.

4.

5.

Das hat mich auf meinen Reisen
am meisten überrascht:

1.

2.

3.

4.

5.

Menschen, die ich auf Reisen kennengelernt habe, zu denen ich **noch immer Kontakt** habe:

1.

2.

3.

4.

5.

Menschen, zu denen der **Kontakt** leider *abgebrochen* ist:

1.
2.
3.
4.
5.

Und Menschen, zu denen der Kontakt **zum Glück** *abgebrochen* ist:

1.

2.

3.

4.

5.

73

Meine besten Quellen
für Reisetipps:

1.

2.

3.

4.

5.

6.

7.

8.

9.

10.

Diese Menschen
motivieren mich
zum Reisen:

1._____

2._____

3._____

4._____

5._____

Diese *unrealistischen Erwartungen* an Reisen hatte ich einmal, habe mich aber davon gelöst:

1.

2.

3.

4.

5.

Diese *Ratschläge* übers Reisen
waren *hilfreich*:

1.

2.

3.

4.

5.

Diese *Ratschläge* haben sich
als **weniger hilfreich** erwiesen:

1.

2.

3.

4.

5.

Und diese *Ratschläge* gebe ich selbst gerne anderen Reisenden:

1.

2.

3.

4.

5.

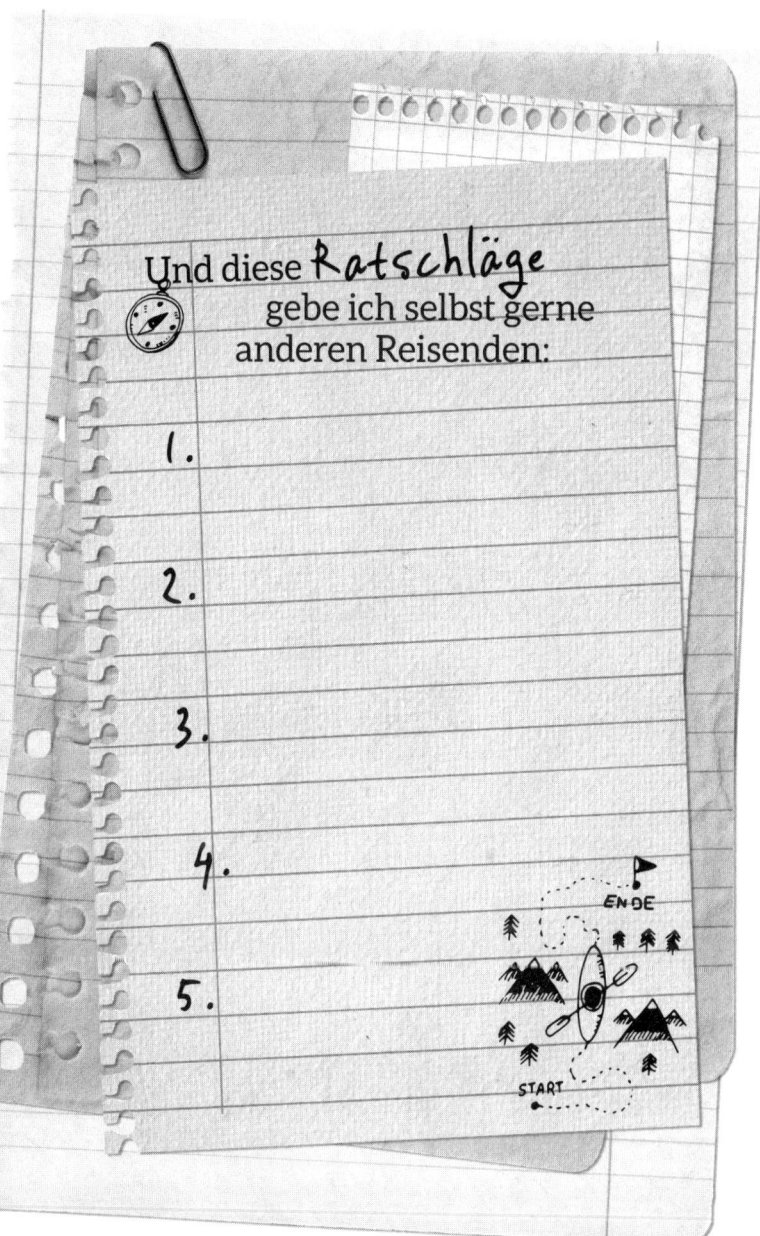

Diese *Dinge* dürfen in meinem
Reisegepäck *nicht fehlen*:

1.

2.

3.

4.

5.

6.

7.

8.

9.

10.

Diese Dinge sind so essenziell, dass ich sie auf eine einsame Insel mitnehmen würde:

1.

2.

3.

4.

5.

Diese Dinge vergesse ich beim Packen dafür immer wieder:

1.

2.

3.

4.

5.

Ticket

Wenn **Geld** keine Rolle spielen würde, würde ich *diese Reisen* sofort antreten:

1.

2.

3.

4.

5.

Wenn ich Entdecker wäre,
würde ich *diese Orte*
entdecken wollen:

1.

2.

3.

4.

5.

Diese Länder **reizen mich** schon lange:

1._____

2._____

3._____

4._____

5._____

Diese *Städte* möchte ich
noch **erkunden:**

1.
2.
3.
4.
5.
6.
7.
8.
9.
10.

Das sind meine Traumreiseziele:

1.

2.

3.

4.

5.

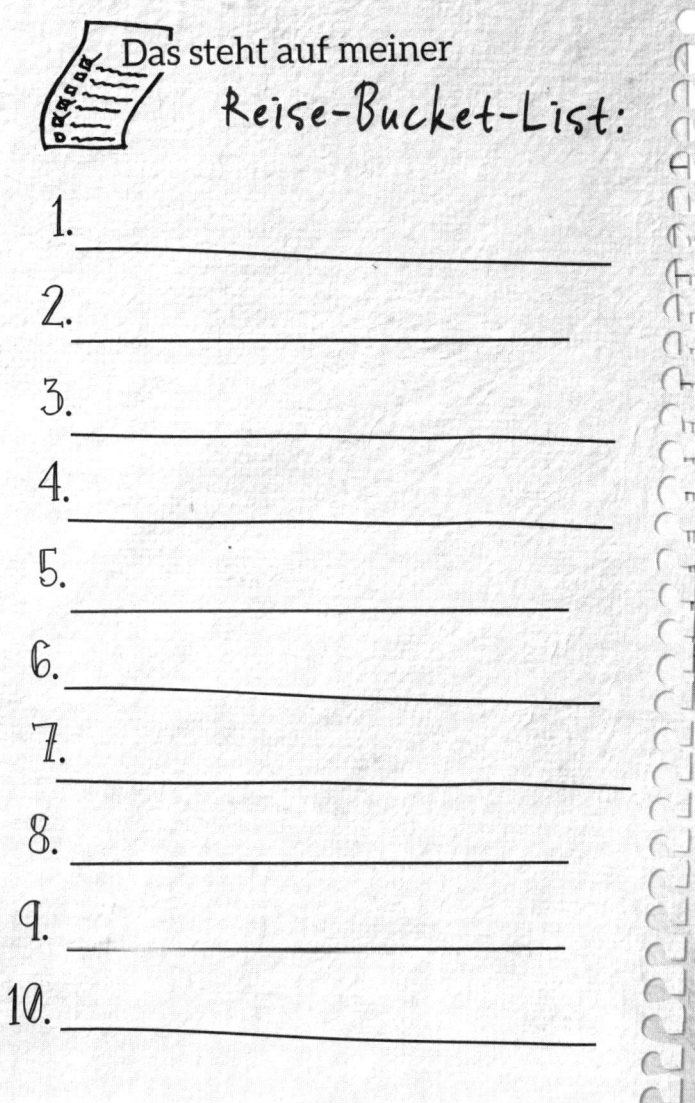

Das steht auf meiner
Reise-Bucket-List:

1. _____
2. _____
3. _____
4. _____
5. _____
6. _____
7. _____
8. _____
9. _____
10. _____

Diesen **Tieren**  möchte ich auf meinen künftigen Reisen **begegnen:**

1.

2.

3.

4.

5.

Diese **Sehenswürdigkeiten**
möchte ich noch sehen:

1.

2.

3.

4.

5.

6.

7.

8.

9.

10.

89

 Hier würde ich
immer wieder
hinreisen:

1. _____
2. _____
3. _____
4. _____
5. _____
6. _____
7. _____
8. _____
9. _____
10. _____

Um **nichts** in der Welt
würde ich hier hinreisen:

1.

2.

3.

4.
5.

Das habe ich
übers Reisen **gelernt:**

1.

2.

3.

4.

5.

So haben meine Reisen mich

persönlich verändert:

1.

2.

3.

4.

5.

Meine nächsten Reisen
gehen hierhin:

1.

2.

3.

4.

5.

Das *erhoffe* ich mir
von meinen nächsten Reisen:

1. _____

2. _____

3. _____

4. _____

5. _____

Das bedeutet Reisen
für mich:

1.

2.

3.

4.

5.

6.

7.

8.

9.

10.

Bibliografische Information der Deutschen Nationalbibliothek
Die Deutsche Nationalbibliothek verzeichnet diese Publikation in
der Deutschen Nationalbibliografie. Detaillierte bibliografische
Daten sind im Internet über http://dnb.d-nb.de abrufbar.

Für Fragen und Anregungen
info@rivaverlag.de

Originalausgabe
1. Auflage 2019
© 2019 by riva Verlag, ein Imprint der Münchner Verlagsgruppe GmbH
Nymphenburger Straße 86
D-80636 München
Tel.: 089 651285-0
Fax: 089 652096

Umschlaggestaltung und Layout: Isabella Dorsch, München
Umschlagabbildung und Abbildungen im Innenteil: Shutterstock.com/
primiaou, topform, Ola_view, alicedaniel, liskus, LemonadePixel, Olena
Ambrosova, Nikolaeva, Orfeev, Nikolaeva, Paket, Bukhavets Mikhail,
Sashatigar, Alcor
Satz: Carsten Klein, Torgau
Druck: GGP Media GmbH, Pößneck
Printed in Germany

ISBN Print 978-3-7423-0798-9

Weitere Informationen zum Verlag finden Sie unter

www.rivaverlag.de

Beachten Sie auch unsere weiteren Verlage unter www.m-vg.de